Nankurunaisa

Nankurunaisa

Claudia Martín-Serrano Martínez-Meco

TEXTOS
Claudia Martín-Serrano Martínez-Meco

PORTADA
Lily Vainylla (@lilyvainylla_)

ILUSTRACIONES INTERIORES
Aida García Morcillo

MAQUETACIÓN
Andrea Gómez Expósito

NÚMERO DE EDICIÓN
Primera

EDICIÓN
Postdata Ediciones

ISBN
978-84-19411-85-3

DEPÓSITO LEGAL
V-2731-2024

Para los ojos que me observan desde las alturas
y para los abrazos más sinceros.
Para quien gana y para quien pierde.
Para quien ahoga soledades.

ETÉREO

Sus ojos, esos ojos que te miran con admiración
y desde los que, a través de las pupilas,
se puede lograr observar la ilusión
que transmite.
Porque me encanta que seas delicado al hablar,
me encanta poder sentir que no eres de este mundo,
me encanta que seas etéreo.

IMPOSIBLE

Algún día el mar perderá su azul,
las estrellas no brillarán más,
la luna nunca completará sus fases
y el sol no volverá a calentar.
Ante la imposibilidad, solo quedarán recuerdos.

ANHELO

Pronto, el sol ya no estará y solo quedará oscuridad, la misma oscuridad que me atormenta cada noche, haciéndome creer que volverá. Nada será como antes. Mis manos están heladas, al igual que mi corazón; ya no siento nada. Solo queda el recuerdo de una vida anhelada. Mis pensamientos se nublan, al igual que mi vista, y ansío poder observar a través de la ventana y soñar que estará a mi lado toda la vida.

Algún día, me desharé de la red que me encadena a este lugar. Sigue habiendo muchos recuerdos entre estas paredes y, en la madrugada, todavía consigo oír su voz en el crujido del suelo al caminar.

SEMPITERNO

Eres inefable, tan increíble que cada vez
que te veo pienso que eres mi sempiterno.
Como las gotas de rocío, delicada y con una inconfundible
ligereza al pasear.

VENDAS

Anduve durante horas por el maravilloso bosque del que tanto me habían hablado. El río, el sonido de los pájaros, los árboles tan altos como la adoración que le tengo a este lugar y sobre todo los vivos colores que desprende, parecen ilusiones ópticas para mis ojos. Lo único que podemos encontrar aquí es el alma que conserva cada centímetro del bosque.

Algún día, la gente verá más allá y solo necesitará taparse los ojos.

QUIEBROS

Silencio.
Mucho silencio.
El terror llama a la puerta.
No soy capaz de abrir.
Intento distraerme y olvidarlo.
Continúa el silencio.
El terror ya no llama, ahora ha entrado.
Nos miramos fijamente y ahogamos nuestro aliento.

INTERROGANTES

¿Será siempre igual?

Nada cambiará cuando se vaya. Él nunca me ha necesitado, en cambio, yo lo necesitaba todo. Dependía de su olor, de su forma de hablar, de pensar, de expresarse. Me había consumido como la última llama que queda antes de apagar el fuego.

DECEPCIÓN

Noto un abrazo ajeno y singular, la decepción se muestra involuntaria e imposible de esconder.

Caminé sin límites y ahora tengo un nudo en la garganta.
Tristeza ahogada.
Me esconderé detrás de la sonrisa.

NATURALEZA

El canto de los pájaros, el sonido de las olas, el atardecer y la brisa cálida me envuelven en un estado paralelo a mi ser.

Respirar aire fresco es una sensación igual de placentera que saber que estás en el momento correcto con la persona indicada.

No se escuchan llantos, solo mi corazón acelerado.

SEMEJANZAS

Mis ojos brillan al escuchar todas las palabras que salen de su boca, una conexión tan profunda que no había experimentado jamás.

Comprendo que los polos opuestos se puedan atraer, pero también desprenden magia dos gotas de agua.

DÍAS

Una semana la comprenden siete días, cada uno de los días tiene veinticuatro horas y siempre se repiten como una rutina. Solo el alba conoce cada una de mis ojeras.

Y en silencio aguarda y reserva en un frasco la lluvia que esas noches inundó mis ojos.

GOZOS

Penuria engrandecida.
Mi alma conseguirá respirar.
Mi tono de voz comienza a ser más débil.
El júbilo escasea.
Avísame cuando comiences a percibir el desdén que abarca en tus tenues letras.

PEDAZOS

Me cuesta observar el reflejo que muestra el espejo, no consigo reconocerla. No consigo averiguar por qué ella hace daño a la gente que ama y que sabe cuidarla como cuando una niña agarra con fuerza su más preciado peluche. Cuál es el motivo de alejarlos. Su corazón se ha sumergido en oscuridad, dejó de cumplir su función.

¿Por qué hay gente que se queda?

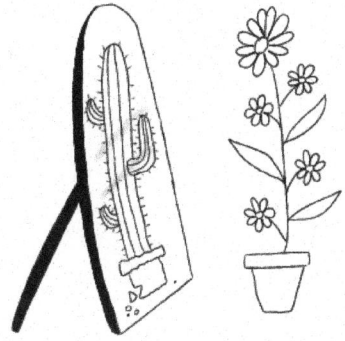

ESTRELLA FUGAZ

6 de la mañana, lluvia, coches pasando y mi corazón envuelto en un suspiro. Extraño tu mano agarrándome, diciendo que todo saldrá bien; a pesar de que sabías que no iba a estarlo. Sabías, con la misma certeza con la que se sabe cuándo va a anochecer, que ya no nos íbamos a ver, no de aquella manera. Me pediste que, cuando regresara, te iluminara con todas las anécdotas posibles de aquel viaje, pero eras consciente de que no las ibas a poder escuchar. Sin embargo, seguiré pidiendo el mismo deseo a la estrella fugaz.

CONSTELACIONES

Cada constelación muestra una vida a través de la galaxia. Mi
constelación se basa en cada uno de los lunares que recorren tu
cuerpo, esas marcas tan indefinibles, pero que son únicamente
tuyas; esa sonrisa que expresa la sensación más gratificante, la
felicidad con la que me contagias el sentimiento; esos ojos que
hablan sin decir una palabra.

NOCHE

Te dejo el lado de la cama por el que aparece el monstruo que me atormenta cada noche; contigo no aparece.

Duermo plácidamente sabiendo que tus brazos me van a seguir rodeando cuando me despierte. No me causa pavor saber que, si te desvelas, vas a mirar mi cara en el proceso, porque yo hago lo mismo.

Te dejo el lado de la cama por el que aparece el monstruo que me atormenta cada noche; contigo no aparece.

Sé que si te despierto vas a querer llenarme de besos en ese mismo momento. Amar la forma en la que me expresas tus pensamientos, porque amar es un sentimiento que está por encima de todos los monstruos.

Te dejo el lado de la cama por el que aparece el monstruo que me atormenta cada noche; contigo no aparece.

SOLEDADES

Camino a comprar helado, lo hago sola.
Leo diversos libros, me encanta Shakespeare, lo hago sola.
Ansiosa aprendo y formo mi pensamiento.
Llego al cine, la película del mes, lo hago sola.
Una soledad que necesita de los demás.

TEMPUS FUGIT

El último pétalo de la rosa cae y con él lo hace la dulce niña que lo sostiene. Se dará paso al invierno y su alma también estará congelada. No habrá vuelta atrás; somos el reflejo de nuestras acciones. Cuando el sol se ponga, se encerrará en aquella habitación con una silla, un escritorio, una cama y una ventana para mirar cómo la vida pasa, continúa y ella sigue estancada en el mismo recuerdo.

KILÓMETROS

1.867 kilómetros nos separan; deseo tenerlo a mi lado. Ya he comenzado a utilizar frases que sólo él utiliza; paso por lo que era su casa todos los días con la esperanza de que algún día regrese. 1.867 kilómetros deseando romper todas las barreras. Se complica el mantenimiento, se refuerza con esa predilección.

DETERMINACIÓN

Lucharé para llegar a la cima, seguiré caminando por senderos
de los que desconozco su ruta.
Me impongo y otorgo firmeza.
Arrojo valor donde ahonda el pavor.
Iré de la mano con la determinación.

NAVIDAD

Tu sitio en la mesa sigue faltando; son las primeras navidades sin ti y no ha sido como siempre.

Ese día fue gris.

Tengo millones de anécdotas con las que te tengo que iluminar.

Necesitaré una escalera para subir, pero, cuando la consiga, espero que me estés esperando.

Y si algún día te llamo, aunque se corte, sé que me estarás escuchando.

MIEDOS

Aquella noche yo no sabía que lo podía conseguir, que podía hacer todo lo que quisiera, que podría liberarme y dejar atrás lo que me hacía más débil. Aquella noche supe lo que era el miedo. Mi vida cambió y me juré que jamás dejaría que me consumiese.

INSTANTE

A lo largo de la vida y del tiempo, te ocurren diversos momentos que te hacen sentir locamente fuera de la tierra. Esas sensaciones. Poder encontrarte a pesar de estar completamente perdida y liberarte después de pasarte horas e incluso días realmente hundida.

Cada instante, cada minuto y cada segundo tiene una historia, y solamente se llega a apreciar esa belleza cuando no lo pudiste hacer en esa ocasión.

Soñando que te desvaneces, que a cada paso que das estás más lejos de la salida.

CICATRICES

Me cortas sin querer con el cuchillo.
No es un cuchillo cualquiera, es el filo de tus palabras.
Hiere mis entrañas.
Una herida que, aunque la vuelvas a curar y a vendar, ya no
quedará igual, se convertirá en cicatriz.

VERDE

Ojos verdes, mirada cálida. Frío enero; aquellos ojos que avistan mis marrones a lo lejos. A través de sus pupilas se dará comienzo a la primavera.

Verde como el trébol de cuatro hojas, por la suerte de tenerte.

Verde como la lima, por el recuerdo de mi mente al oler tu perfume.

Verde como aquella mariposa que se posaba en tu nariz.

COSA DE DOS

Me brilla la mirada al escuchar tu nombre, una conexión que hacía mucho que no sentía. Vuelvo a llenarme de ganas y de ilusión. A través de las palabras consigo desnudarme y ansío que, si es mutuo, logres apreciar mi compañía.

Llama, aunque me despiertes; bésame, aunque me enfade; abrázame, aunque me aleje; ríe, aunque no te escuche.

FLECHA AMARILLA

Él me guía, es luz en la oscuridad.

Es un camino de pétalos en un bosque lleno de espinas.

He hablado con él muchas veces. Le cuento mis alegrías y mis penas, mis logros y mis derrotas, mis virtudes y mis defectos, mis rectas y mis curvas.

Es calma dentro de una gran tormenta.

TIC-TAC

El reloj del salón no descansa, sigue haciendo ese sonido tan característico. Pasan las horas y continúa su función. Parece que no se cansa. Lo envidio. Mientras, lo observo e imagino recolectar las fuerzas suficientes para realizar un trabajo parecido. Son las 18:34. De nuevo, escucho el sonido, tic-tac, y consigo cerrar levemente los ojos, pero cuando los vuelvo a abrir son las 21:13. Las horas continúan pasando, pero yo me quedo inmóvil viendo, además, cómo el mundo sigue su trayectoria en línea recta y la mía se mueve por curvas.

CARPE DIEM

Pienso en el sol cuando aparece la luna, pienso en dormir cuando me he levantado, pienso en el futuro cuando estoy viviendo el presente. Pienso demasiado todo lo que ronda mi mente, me estanco deseando cambiar el pasado y cae una lágrima sobre mi mejilla rosada al traer el recuerdo de estas letras por mi memoria nublada. Todo se hace eco y solo quiero escuchar tu voz, aunque solo seas un recuerdo.

-M.

El ronroneo de un gato juguetón que se pasa el tiempo durmiendo y tomando el sol.

Le acaricio y dejo mi alma pesada en el latir de su corazón.
Me mira comprensivo y solo necesito de su atención.
No es como todos los gatos, se apiada de mi razón.

DECEPCIÓN

En su mirada logro ver un atisbo de decepción. Mi esfuerzo queda reducido a una simple mota de polvo que se desvanece en la nada. Comienzo a sentir una punzada inmensa en el pecho que me impide respirar. Tengo un nudo en la garganta que me impide hablar y tengo los ojos tan cristalinos que me impiden observar. En su mirada logro ver desilusión. Vuelvo a sentir la punzada en el pecho; esta vez más fuerte. Yo, ilusa, pensaba que me estaría protegiendo la coraza.

VIVEZA

El paseo en el parque se hace algo rutinario. Extiendo mi toalla y dejo elevar mi imaginación al abrir aquellas páginas. Entro en un mundo alejado de la realidad que me rodea, pero deseando quedarme allí, en la fuente de las maravillas donde un único deseo hace aflorar los más recónditos sentimientos.

23 AGOSTO

Noches de verano, tan intensas como un chicle de menta y tan cortas como su sabor.

Noches de verano, tan sencillas como el color blanco y tan especiales como su intención.

Noches de verano, tan entrañables como tu infancia y tan lejanas como el recuerdo.

Noches de verano en las que sueñas y dejas volar tu imaginación.

Noches de verano en las que estallas de felicidad.

Noches de verano en las que solo es importante la compañía que adorna la poesía.

ACTO III

Acaba la última frase del guion y, con ello, se cierra el telón. Aplausos sonoros envuelven todo el teatro. Rosas rojas. Rojas como la sangre derramada en el último esfuerzo y empeño de la función, como las manzanas situadas en el borde de la mesa. Siguen los aplausos y cae desgarrándose como la última lágrima recorriendo su comisura.

PALABRAS

Una página en blanco intentando ser adornada con unas palabras que se plasman en mi memoria. Solo son unas letras que, en su conjunto, marcan algún significado; así como la salida de mi alma.

Me estremezco.
Y se asfixian esos sentimientos.

LAMENTOS

Un cuerpo inerte, una mierda vacía, un corazón cuyo último latido se quedó con aquella silenciosa respiración. Un lugar tenebroso donde las llamas del fuego ardiente emergían de lo más profundo. Sonidos de llantos, gritos y dolor se escuchaban.

PASIÓN

Me encanta.
Me encanta que me mires con esos ojos, que me busques y no te alejes demasiado.

Me encanta recordar los buenos momentos que pasábamos juntos y espero que no se borren con el tiempo, porque tú te fuiste y ya nadie me va a hacer sentir como lo hacías. Ahora lo único que espero es verte por algún rincón. No te di motivos para irte, pero sé que tu intención no era quedarte. Estoy enamorada de ti, me enamoré de tus imperfecciones tan perfectas, de tu sonrisa, de tu mirada, de tu voz, de tu olor y hasta de tu manera de hablarme.

EL CANTO DEL RUISEÑOR

Una música que me evade a otra realidad lejos de mis preocupaciones, lejos del terror que experimento cada vez que oigo su nombre. Cristales rotos siento cuando camino por el lugar que me convirtió en un cuerpo vacío. Relámpagos escucho cuando sé, con toda certeza, que estarás al otro lado de ese muro. Una melancolía que hará el vago esfuerzo de llenarme de alegría y, con el canto del ruiseñor, haré de la tuya la mía.

CAFÉ ARDIENTE

En lo alto del balcón se sirve el desayuno, vuelve a releer el mismo libro por quinta vez. Su café quema.

Sopla su interior y se convierte en el viento que mueve cada hoja del árbol de la esquina.

Alza la mirada hacia el cielo.
Hoy está gris.

Se da cuenta de que comenzará a llover y revisa su reloj, depositado delicadamente en su muñeca.

Es demasiado tarde, se deberá dejar arrastrar por las gotas que le caen en su cabello.

El café sigue quemando.

FRAGANCIA

Tu olor se queda impregnado en cada sitio por el que paso, en cada rincón, en cada esquina. Me hace suspirar y me desvela cuando he conciliado el sueño. Es intenso y no se desvanece. No es el humo que desprende tu boca ni la respiración que marca tu pecho, es el aire que viste la expresión de mi pelo y despierta en mí un grandioso recuerdo.

RÁFAGAS

Libre soy escuchando tus palabras. Paz constante como el viento que mueve cada hoja sabiendo que no serás eterno, pero que, al igual que yo, te deseará con cada ráfaga. Libertad siento al expresar que contengo un sentimiento inusual que se transporta a otras paredes mientras mi mente descansa. Respiro en calma, pues tengo la certeza de que, cuando mire por la ventana, me envolverás delicadamente con tu brisa, que es capaz de llegar hasta la estrella más resplandeciente.

17 DE JULIO

El barco se hunde, mi sonrisa con él.

Está cansado y ha dejado de luchar contra lo que más pesa, la vida.

El barco ya no derriba con fuerza, necesita una pausa.

No esquiva terrores, ahora los comparte.

El barco ha dejado de sentir con la última letra que desprenden sus labios.

Su corazón ha dejado de insistir; silencio abrasador.

El barco, finamente, ha soltado su ancla.

MARCAS EN LA PIEL

Estaré a tu lado hasta cuando nos salgan esas marcas de una vida llena de vivencias y personas guardando un espacio en ella. A través de las mismas puedes apreciar la juventud de los recuerdos. Vivamos nuestro tiempo y así no desperdiciar el que te concedo.

Esperaré su llegada para, mientras, pensar en mi siguiente jugada.

Será un placer reconocer tus marcas en mi piel.

VAIVÉN

Mi boca muestra una cerradura ante tu pregunta. Insististe en volver a vernos de nuevo, pero ya no lo quieres hacer más. Te excusas con razones vacías y pierdo el interés en gastar saliva para explicarte la relevancia de tus idas y venidas.

Me muestro como un cuadro que no se puede colgar en la pared.

Por un momento, mi vida comenzaba a cobrar un mínimo de color, pero solo era la ilusión de acabar con el blanco y negro.

EL ÚLTIMO ADIÓS

La arena toca mis delicados pies sutilmente, la brisa roza mis sonrojadas mejillas y el sol abraza mi espalda. Escucho a las gaviotas y las persigo, me recuerda a ti.

Veo diversos peces nadando libremente mientras yo continúo aferrada a lo que éramos.

La toalla está vacía, solo la ocupo yo y no me desprende el calor de tu piel junto a la mía. Cae el sol y el ambiente se transforma. Cada vez está más frío, como tus palabras en aquella despedida.

IRRACIONAL

Eras capaz de contagiarme tu nerviosismo, ese que ahora se convertirá en incomodidad. Mostraste mucho e intensamente en poco tiempo y a mí solo me hacías dudar.

Aunque no malgasté mi tiempo no lo supiste valorar,
pero recuerdo con esperanza un atisbo de felicidad.

FRUTA DE LA PASIÓN

Un amor intenso y profundo suscita de mi interior,
se convierte en mi pasatiempo morder de la fruta de la pasión
y plasma en mis venas un recorrido lleno de emoción.

Se me eriza la piel al pensar en aquel día.
La llama que emerge aún continúa viva.
Disfrutaré de la energía que experimenta mi cuerpo,
advertido por tu sonrisa.

ACERA DE AL LADO

Busco tu mirada entre la multitud, esos ojos tan expresivos solo con un gesto. Sé que no te atreverás a acercarte, tus últimas palabras me reflejaron la disposición de tus ganas.

Ilusa de mí, continúo buscando tu mirada entre la multitud, aun sabiendo que pasarás de largo y yo estaré observando desde la acera de al lado.

JOYAS

Resplandecen en tu cuello una serie de piedras tan magníficas como el día que te conocí. Deslumbran a cada paso que andan tus largas piernas, capaces de recorrer nuestros lugares favoritos en un instante. No tires el collar que rodea tu cuello, algún día servirá de guía para amar con la fuerza necesaria que consigue que no se rompa.

IRA

Mi enfado aumenta con todas las mentiras que desprenden tus labios. Crees que no conozco la verdad y se convierte en ira cada vez que vuelves a manifestar tu versión.

Demasiada furia reprimida intentando encerrarla cada vez más. Optaré por apartar la mirada y sufriré en silencio, aguantando las lágrimas que empezarán a brotar en un leve momento.

TRÉBOL DE LA SUERTE

Tengo fe en conocerte, sé que me cuidas desde lo más alto y siempre estaré protegida por tus brazos. Serás siempre como el trébol de cuatro hojas, estarás apoyándome en la distancia y notaré que eres el refugio para todas mis tormentas.

Vibraremos en sintonía: yo de tu mano y tú de la mía. En cada habitación siempre logro encontrar una rendija que me lleva a la verdad.

Abrazaré con fuerza las ganas y no se escapará ningún suspiro de mis yemas.

MONOTONÍA

Hemos llegado al vértice por donde se escapan y se derraman nuestras almas como una noria que gira en la misma dirección, pero sigue recorriendo todo el tiempo el mismo camino, sin cambios, sin baches y sin curvas.

Una monotonía que arrasa con todas las vivencias y con esa conexión que destruiste al irte por esa calle, esa calle que nos mantenía unidos a pesar de las barreras.

REMINISCENCIA

Una mezcla homogénea atrapa la reminiscencia. El otoño aterriza en tu frágil nariz y, como las cenizas, se extiende por todas tus facciones.

¿Será eterno este silbido del viento?

Viajará hasta las manos con las que das paso a la primavera y de tus uñas saldrán azucenas en las que aflorará tu belleza.

AFÁN

Queda menos de un día para nuestro reencuentro. Siento nerviosismo por volver a escuchar tu voz; los latidos son cada vez más fuertes e incontrolables. Me asomo al balcón por si tu ansia se adelanta, pero solo es la mía llamando a la ventana. Me desespero.

CRISTALES

Se cae el vaso y se rompe en mil pedazos, al igual que tengo roto no solo el corazón, sino también el alma. Cada uno de los cristales representa la angustia generada por tus acciones. No hay perdón, solo gritos y lamentos. Me siento usada cuando deseas darme un beso y, cuando lo saboreo, noto una áspera sensación amarga, que deja vacías mis ganas.

LOCURA

Picante como una guindilla, al principio pasa suavemente por mi mente y acaba convirtiéndose en un capítulo constante.

Me alcanza tu victoria a pesar de que nos persigan las derrotas. Entramos en un debate perseverante, al tiempo que tus manos acarician mi locura. Por lo tanto, mi mayor tortura será no verte en el destello de cada rayo de luz que asoma en el sofá, despertando a la euforia.

ABISMO

Tus pestañas rozan las nubes que arropan el cielo. Llegas a tocar, con la yema de tus dedos, la meta que te propusiste para alcanzar la perfección que encaminará nuestro amor hacia la cima.

Quédate a mi lado hasta que me duerma, para que, algún día, sea más fácil la partida. Estréchame la mano cuando me hunda en el abismo y suéltala cuando despierte, para que puedas sostenerme.

INDIFERENCIA

Se rasgan las sábanas que lloran en soledad. Un arrebato de tristeza consume aquel espacio llamado habitación. Suenan las alarmas que advierten de la llegada de tu evidente indiferencia y, aunque busques la cordialidad, tu despreocupación me altera.

Desayunaré en la terraza para evadirme de la envidia que te traspasa y me quedaré tranquila al beber de la taza que me abstiene de esa carga.

EL MISMO ADN

Me contagia la risa y su admiración me llena de ternura.
Aunque no se lo exprese, la quiero como a la luna,
 sosteniendo la escarcha que mantiene vivo nuestro vínculo.
Siempre estaré cuando necesite de mi ayuda,
será mi prioridad cada despertar y mi sueño cada anochecer.
No te alejes demasiado, que, si no,
no podré acariciar la confianza que depositas en mis manos.

CENIZAS

Saldré a la calle cada vez que escuche tu nombre;
pienso que te encontraré cerca.
Pero hoy llueve en el exterior.
Busco un paraguas que me abrigue de las lágrimas.
Salgo, pero se me olvidan las llaves.
Todavía no me he dado cuenta,
las necesitaré para abrir el baúl de la chimenea.
Me recorro las esquinas y, desganada,
me vuelvo con las manos vacías.
Me acurrucaré junto al fuego, aunque me trague las cenizas.

REGRESO

Al borde del colapso cuando no respondes mi llamada.

Creeré que no necesitas mi presencia y yo solo mantengo encendido el buzón de voz para no olvidarme de la tuya. Nos veremos en el banco en el que nos conocimos, aunque no signifique lo mismo. Esperaré inquieta un mensaje que me haga comprender tu repentina situación y, aunque no llegue nunca, espero que sepas que dejo tu regalo en la mesita de noche, que admira con cariño los sueños en los que anhelo tu regreso.

NOSTALGIA

Arden las rosas, arrojas tus palabras a las vías por donde el tren comenzará a pasar. Se derretirá el consuelo y solo quedará ir al encuentro de la nostalgia. No te atreves ni a mirar, huyes de mi juicioso acecho. Entiendo tu frustración y, sin palabras, me dices que no me reconoces. Yo tampoco lo hago, aunque continúe nadando.

MENTIRAS

Te defendí frente a la injusticia y me demostraste que no eran un engaño las palabras ajenas de la multitud. Alejé todo mal que se refiriese a tu persona, pero me diste la espalda y agachaste la cabeza cuando pasaste por mi casa. Te di cobijo y serenidad mientras que tú solamente buscabas algo con lo que jugar.

Palabras necias, dibujadas en mi piel, rasgan cada tejido, desprendiendo veneno en mi interior y haciendo un agujero por el que podrás despedir aquellas mentiras que expulsabas con una sonrisa marcada en tu faz.

AFRODITA

Admirando tu belleza se me corta la respiración. Hija de Afrodita, huye de la devastación. Sin ataduras, anda por la fina línea de la cordura un deseo exhaustivo por vivir y disfrutar de los detalles mínimos del camino. Tienes una conexión inexplicable con otra alma. Hija de Afrodita, llévame donde los peces surquen los cielos.

ARREBOL

Esas nubes iluminadas por los rayos rojos del sol, ese color se asemeja al dolor y, aunque en cierto modo ese sentimiento lo lleve en mi tesón, también se intuye que me refiero al amor.

En la orilla observo la marcha del astro y añoro la eficacia de su labor.

Solo siento frío y me fundo con el viento ante el silbido de Cupido.

TIGRE

Las rayas que cubren al tigre sirven como cuchillos hiriendo
mi coraza.

El tigre se encamina y salta sobre mi temible esperanza.

Lucho por escapar de entre sus garras y se clavan como balas
en mi templanza.

Ojalá y se marche al hundir mis ojos en su lomo,
pues si se queda tendré que acudir a la alianza.

GALAXIA

En la otra galaxia, observaré las estrellas, distintas a las de la tierra. Me quedaré perpleja ante su majestuosidad. En el cielo se dibuja un rostro demasiado cercano, que se calca en el lago. Parto de la razón que viste mi frente desnuda. En la otra galaxia, me imaginaré tus manos recorriendo mi velo.

DERRUMBE

Regresa la decadencia y lo hace formando ruinas en mi vida. Todo se convierte en una profunda desgracia y el mundo se derrumba a mi alrededor, totalmente desolado y sin ningún atisbo de luz.

Me hundo atrapada en las arenas movedizas que impiden mi libertad.

No puedo realizar movimientos y solo necesito llegar a darte un beso.

DESDICHA

Mi regalo es tu compañía cada despertar. Es un placer llegar a conocer todos los rasgos que envuelven tu cuerpo. Es un conocimiento magistral y perdurable en el tiempo.

Miedo tengo cuando quiero estar unida a ti y la misión me lo impide.

Gracias te diré hoy, por si algún día te cansas de esta desdicha.

LA MÁSCARA

Una máscara tienes en tu rostro. Ante las apariencias me engañas y con tu falsedad inundas mis hazañas. Cuando decidas arrancarte tu capa me mantendré de brazos cruzados, esperando y sabiendo que me estarás mintiendo y que mantienes tu posición absteniéndote de conocer mis sentimientos.

EL HOY

Conoceremos todas las paradas que debes olvidar.
Muestra tu perspicacia.
Sugiere con la mirada.
A la luna yo le pido un deseo que me concederá
y espero que mi guerra no la dejes atrás.

EL BAÚL DE LOS CORAZONES ROTOS

Un corazón resquebrajado,
lo he intentado reparar con aguja e hilo,
no funciona y una piedra me pesa menos,
cristales rotos,
pongo una canción, y otra,
no me muevo de la cama, no puedo.
Me mata esta sensación.
Comienzo a tener frío.
Me caigo y ya no estás para cogerme de la mano.
Ya no me besas,
lloramos,
nuestras respiraciones se juntan,
el amor nos consume,
ojos cristalinos,
nos evaporamos.

PLANETAS

Siempre he pensado que tienes unos ojos por los que ver el mundo, ahora están rojos y desprenden lágrimas, con las que si me regases me convertiría en polvo.

Se nos caía ese mundo encima, dichoso mundo.

Ruego perdón, nunca les quise lastimar, deseo que vuelvan.

Esos planetas en tu cara, esos pétalos, esos soles que con una mirada te pueden descifrar.